AF296034

RÉPONSE

A

UN PAMPHLET MANUSCRIT.

AVIS.

LA réfutation d'un Rapport attribué à M. le Duc d'OTRANTE ne me paraissait plus nécessaire depuis la retraite de ce Ministre; mais j'ai reconnu qu'il avait laissé des traces profondes, que le France était encore sous le poids de l'accusation la plus grave, j'ai cru utile de détruire des opinions qui peuvent encore être dangereuses, et je fais paraître ce petit Ouvrage à la publication duquel j'avais d'abord renoncé.

RÉPONSE

A UN PAMPHLET

MANUSCRIT.

Hélas ! il eût des Rois égaré le plus sage !
RACINE. *Athalie.*

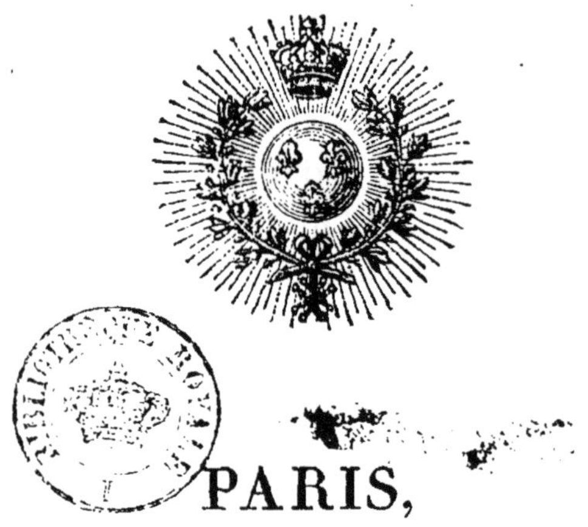

PARIS,

Chez DELAUNAY, Libraire, Palais Royal, n°. 243.

TESTU, Imprimeur de LL. AA. SS. Mgr. le Duc d'ORLÉANS
et Mgr. le Prince de CONDÉ, rue Hautefeuille, n. 15.
1815.

RÉPONSE

A

UN PAMPHLET MANUSCRIT.

H ᴇ ᴜ ʀ ᴇ ᴜ x et fier d'être né dans le département du Nord, où notre Monarque « a
» quitté Lille au milieu de tant de larmes,
» et est rentré à Cambrai au milieu de tant
» d'acclamations (1) » , j'entreprends de
venger la nation d'une odieuse et absurde
calomnie, avancée d'abord par cette Chambre qui prétendait représenter la nation et
ne représentait réellement que Buonaparte,
et répétée aujourd'hui par un libelliste pseudonyme.

Depuis vingt-cinq ans, d'audacieux pam-
phlétaires n'ont cessé d'agiter la France;
mais aucun n'avait encore porté l'impu-

____

(1) Proclamation du Roi du 28 juin 1815.

A

dence jusqu'à publier une diatribe séditieuse sous le nom d'un des principaux membres du Gouvernement.

Le prétendu Rapport fait au Roi sur la situation intérieure de la France, n'est pas, ne peut pas être l'ouvrage du Ministre de la Police générale; quand même il ne l'eût pas désavoué, il était évident que l'homme qui doit le mieux connaître la France ne pouvait avoir composé un ouvrage où règne la plus profonde ignorance de ce qui se passe chez les Français.

Il était évident encore qu'un Ministre du Roi ne pouvait pas chercher à l'affliger, à l'insulter et surtout à l'égarer, et c'est ce que fait l'insolent libelliste qui ose emprunter son nom.

Si je prouve que tout ce qu'avance cet écrivain est faux; si je le prouve avec une telle évidence que chacun dise : Oui, cela est faux; j'aurai pulvérisé cette indigne production, dernier coup de désespoir du bonapartisme expirant.

Et d'abord, quelle est l'impression générale que l'on reçoit de la lecture de cet écrit ? L'idée que la grande majorité des Français repousse les Bourbons, et que les Bourbons n'ont par conséquent pour eux que la petite, très-petite minorité. Nous le verrons bientôt évaluer cette minorité *à dix départemens sur quatre-vingt-six, à un cinquième de la France.*

Et voilà ce qu'avant lui disait la Chambre des Députés de Buonaparte! Bons, aimables Parisiens, vous l'avez réfutée cette odieuse calomnie, lorsque, formant une double haie de trois cents mille hommes depuis Saint-Denis jusqu'aux Tuileries, vous disiez, dans l'élan naïf et pur de votre joie : « Non, nous » ne les aimons pas, les Bourbons! » Lorsque, montrant cette foule immense, ivre de bonheur, vous répétiez : « La voilà, cette » minorité factieuse! »

J'ai tort de citer les Parisiens, l'auteur du Rapport les récuse, *depuis qu'une opinion factice*, dit-il, *prend si facilement à Paris la place de l'opinion réelle.* Il a un grand mépris pour les Parisiens, cet auteur. Nouvelle preuve que ce n'est pas M. le Duc d'Otrante; car il serait bien ingrat, lui que les Parisiens regardent comme le préservateur du pillage de leur ville.

Eh bien! mettons à l'écart l'opinion factice de Paris, et cherchons l'opinion réelle du reste de la France ; car enfin il faut bien qu'il y ait quelque part une opinion réelle.

Ici, j'invoquerai une autorité qui sera d'un bien grand poids dans cette discussion. J'invoquerai, contre le prétendu Rapport fait au Roi par M. le Duc d'Otrante, Ministre de la Police générale, le Rapport véritable, fait à Buonaparte, le 17 juin dernier, par M. le Duc d'Otrante, également alors Ministre de la Police générale. Celui-là est avoué par lui, il est digne de lui, il a eu dans le tems l'approbation de tous les honnêtes gens.

Il ne faut pas perdre de vue que M. le Duc d'Otrante parlait au plus ombrageux, au plus irascible des hommes ; qu'il devait craindre de blesser des oreilles habituées aux plus fades adulations ; qu'il devait user des ménagemens les plus délicats, et ne faire paraître la vérité qu'en la revêtant des couleurs impériales.

Dans cette position et par une sage précaution oratoire, il peint d'abord « les roya- » listes peu nombreux, et s'agitant dans » l'obscurité ». Bientôt, il les montre « pleins » d'audace, d'activité, ayant des instru- » mens au dehors, des appuis au dedans, et

» n'attendant que le moment favorable pour
» réaliser un plan conçu depuis vingt ans ».

Toujours ménageant son maître dans ses débuts, il ne voit d'abord les royalistes « que » dans peu de départemens »; bientôt, s'enhardissant à dire la vérité, il les trouve « de » la Manche jusqu'à la Méditerranée »; . c'est-à-dire, dans toute la longueur de la France. « Le royalisme, dit-il, de la Nor- » mandie se propage dans la Bretagne, s'ap- » puie d'un côté sur les Cévennes, de l'au- » tre sur le Rhône, et parcourant toute la » Loire (dont le cours est de deux cents » lieues), il règne à Bordeaux, à Toulouse, » à Marseille ».

C'était déjà en dire beaucoup à un homme sourcilleux comme Buonaparte; aussi, ne se permettant que le strict nécessaire, il ne parle point des départemens du Nord; Buonaparte l'en avait dispensé, en accusant la Flandre, le Hainault, la Picardie et l'Artois d'être animés d'un très-mauvais esprit pour lui.

Comment serait-il possible que M. le Duc d'Otrante ne vît que des royalistes sous Buonaparte, et qu'il n'en voye presque plus sous le Roi? Que le royalisme régnât sous le régime impérial dans les trois quarts de la France , et qu'il n'en occupe plus aujourd'hui, sous le régime royal, que la *cinquième partie ?* C'est que M. le Duc d'Otrante a fait l'ancien Rapport et n'a pas fait le nouveau ; c'est que le Ministre connaissait bien la France, et que l'auteur qui emprunte son nom ne la connaît pas du tout.

Mais on sera bien plus étonné quand je prouverai que les assertions même contenues dans l'ouvrage de cet auteur démentent les conséquences qu'il en tire. .

Le rapport du 17 juin présente d'autres différences frappantes avec le prétendu rapport de septembre : le premier est écrit avec beaucoup de noblesse , de clarté, de correction et même d'élégance ; le second est diffus, sans ordre, sans méthode ; il passe des généralités aux particularités , les quitte et les reprend tour-à-tour ; il revient des détails à l'ensemble pour retourner encore aux détails. Et un tel salmigondis serait l'ouvrage de celui qui a écrit la lettre si justement admirée au Duc de Wellington !

Voyez encore quel respect, quelle décence le Ministre met dans son rapport à un homme personnellement méprisable et

que, dans le fond, lui-même méprisait ,
mais que les circonstances lui prescrivaient
de ménager ; et quelle impolitesse , quelle
impudeur règne dans le prétendu rapport
adressé à un Monarque dont les vertus et
les qualités sont reconnues même par ses
ennemis.

Ses ennemis ! Devrait-il en avoir !

Je vais parcourir, discuter et réfuter ,
j'espère, victorieusement les passages les
plus importans du rapport pseudonyme ;
j'aurais voulu mettre un peu d'ordre dans
cette réfutation, mais il n'y en a point dans
l'ouvrage à réfuter.

§. Ier. *Situation générale de l'esprit public
en France.*

La France, dit l'auteur, est en guerre
avec elle-même.

Où donc ? Sur 40,000 communes, il en
est sept à huit où les royalistes longtems
opprimés se sont vengés de quelques-uns
de leurs oppresseurs. Je blâme, sans doute,
je déplore, j'exècre ces exécutions popu-
laires ; mais les mêmes gens que je vois s'at-
tendrir si fort sur ces crimes trop nombreux

encore quoique bornés à quelques localités,
n'étaient pas si sensibles quand, depuis 1789
jusqu'en 1794, il n'y avait pas une des 40,000
communes qui n'ait été le théâtre au moins
d'un meurtre, et que plusieurs en ont vu
des milliers ; la différence est qu'alors les
jacobins s'écriaient : « ce sang est-il donc
» si pur ! » et qu'aujourd'hui les royalistes
condamnent les excès commis par leur parti,
et en solliciteraient la répression si le Roi
ne les avait prévenus.

Si, par la phrase que j'ai citée, l'auteur
entend une guerre d'opinion, oui, la France
est en guerre, non pas avec elle-même, mais
avec une infiniment petite portion de ses habitans : d'un côté est la masse des français
qui, lasse de révolutions, de factions, de
proscriptions, de conscriptions, de constitutions même, soupirent après la paix, le re-
pos et le bonheur, et croit pouvoir attendre
tout ce qu'elle désire d'un Roi doux, juste,
sage, ami des mœurs, protecteur du commerce. De l'autre côté sont quelques hommes
qui, des idées philosophiques, conduits aux
idées révolutionnaires, forcés de dissimuler
celles-ci, se sont jetés dans les idées libérales. Ceci mérite quelques développemens :

(9)

On dit sans cesse au Roi *qu'il faut céder au progrès des lumières , que le siècle est avancé, qu'on ne peut plus le faire rétro-grader , que les français d'aujourd'hui ne sont plus les français d'autrefois.* Quelques faiseurs, quelques écrivains l'ont tant dit, tant écrit que l'on a fini par le croire sans examen , et penser le contraire semble actuellement une hérésie politique.

Cependant une question de cette importance méritait d'être examinée. Voyons donc si cette assertion est aussi vraie qu'on le prétend.

L'opinion publique peut se connaître par les opinions particulières, par les journaux, par les ouvrages imprimés.

Que chacun se demande de bonne-foi si, dans ses relaions sociales, il a vu plus de personnes pour les idées libérales que contre; moi, je déclare, de la meilleure foi du monde, que j'en ai à peine vu une sur dix à Paris et une sur cent dans les provinces où j'ai voyagé.

Parmi les journaux je n'en ai connu, avant le retour de Buonaparte, que deux, le Censeur et le Nain-Jaune, qui fussent hautement partisans des idées libérales.

Enfin, dans les innombrables brochures qui parurent sur cette matière, les idées libérales n'ont pour elles, ni le nombre ni le mérite des ouvrages.

Mais, ce qui est bien remarquable, c'est qu'à peine Bonaparte revient de l'île d'Elbe, que tous les gens à idées libérales de ma connaissance, les deux journaux à idées libérales, tous les auteurs à idées libérales, se déclarent pour l'homme le plus illibéral de la terre, l'homme qui pendant douze ans n'a voulu qu'un sénat passif et un corps législatif muet, et qui enchaînait la presse, la lecture, la conversation et jusqu'à la pensée.

Et, de bonne-foi, espéraient-ils que Buonaparte, vainqueur à Waterloo et revenu à Paris avec une armée triomphante, se serait laissé museler par ses deux Chambres, et aurait consenti à leur demander humblement la permission d'aller encore faire des conquêtes ?

Tout démontre clairement que les gens à idées libérales ne sont autres que des gens à idées révolutionnaires, qui ont pris un titre mieux adapté aux circonstances.

Cette explication donnée, il est facile d'apprécier le nombre des Français contre lesquels la masse des Français est en guerre, mais en guerre d'opinion seulement, et non pas de fait : ce sont les anciens favoris de Buonaparte qui regrettent le pouvoir, les richesses, les titres, les dignités, les décorations qu'ils avaient reçus ou espéraient recevoir de leur maître ; les membres des anciens comités révolutionnaires, quelques écrivains brouillons, quelques fonctionnaires publics déplacés, enfin quelques militaires mécontens ou encore éblouis par la gloire de leur ancien général, gloire bien éclipsée aujourd'hui par ses défaites et ses désertions.

§. II. *Suite de la situation générale de l'esprit public en France.*

La plupart des hommes énergiques qui ont combattu et renversé le dernier pouvoir, n'ont cherché qu'à mettre un terme à sa tyrannie ; tout gouvernement arbitraire les compterait de nouveau parmi ses ennemis.

Je prie le lecteur de s'arrêter sur cette phrase, bien importante, puisqu'elle donne la clef de l'ouvrage, et décèle, je crois, le nom de l'auteur.

Le *dernier pouvoir*, c'est Buonaparte, sans doute; *mais quels sont les hommes énergiques qui ont combattu et renversé Buonaparte?* Les Anglais et les Prussiens, ce me semble, à la bataille de Waterloo, les Russes et les Autrichiens du côté de l'Alsace. Je cherche à me rappeler, et n'en vois point d'autres. Tant que le dernier pouvoir fut un peu puissant, il eut beau faire des sottises, personne en France ne songea à le combattre, à le renverser. Les seuls Français énergiques furent d'abord les Vendéens, mais ils étaient sur la défensive; ensuite ceux qui allèrent à Gand, mais le Roi avait enchaîné leur courage (1). Hélas! je le dis à ma honte et à mes regrets, moi et les autres Français restés dans l'intérieur, tristes, comprimés, accablés, nous faisions des vœux pour la chûte de l'usurpateur, mais pas le plus petit mouvement pour l'accélérer.

Je me souviens cependant que quand Buonaparte vaincu, fugitif, revint tout seul à Paris, nu de gloire et de soldats, quelques faiseurs des deux Chambres eurent l'éton-

----

(1) Proclamation du Roi du 28 juin 1815.

nante *énergie* d'attaquer *le dernier pouvoir*, qui ne pouvait plus rien, et de lui demander une abdication qu'ils étaient bien sûrs que Buonaparte n'aurait pas refusée dix jours après, lorsque 5 à 6 cent mille Européens s'avançaient sur Paris.

Encore comme cette énergie était douce et polie! on lui demandait son abdication comme un noble sacrifice, comme un dernier exploit; il avait bien mérité de la patrie, il en était le sauveur; on promettait de proclamer son fils, et peut-être lui disait-on tout bas: « Vous reviendrez encore. »

L'auteur a pourtant voulu dire quelque chose en parlant de ces hommes énergiques. Ah! j'y suis à présent; il allait, par une ancienne habitude, dire : *Les hommes énergiques qui depuis vingt-cinq ans ont combattu pour la liberté, ces braves champions de l'égalité, la fraternité ou la mort, ces honnêtes vétérans de la révolution, qui ont renversé en* 1792 *le dernier pouvoir légitime.* Mais s'apercevant qu'il allait trahir son secret, il a changé sa phrase, qui n'a plus eu de sens.

Cette découverte m'a donné la clef de tout le Mémoire; j'y retrouve en effet les idées et souvent les expressions d'un autre Mémoire adressé l'année dernière au Roi, et vendu depuis au rabais dans une petite charrette le long des rues de Paris.

Progrès des lumières, avancement du siècle, craintes qu'on ne le fasse rétrograder, alarmes jetées sur les biens nationaux, sur les droits féodaux; éloge contraint des vertus de Louis XVIII; injures mal déguisées contre les autres Princes; indifférence parfaite pour trois millions de Français dévorés par la révolution, et trois autres millions sacrifiés par Buonaparte; tendre compassion pour quelques révolutionnaires poursuivis à leur tour, voilà ce que l'on trouve dans l'un et l'autre Mémoires; et où je vois identité de sentimens, d'idées, d'expressions, je crois à l'identité de parti, et serais tenté de croire à l'identité d'auteur; mais ne voulant rien avancer sans preuves, je continue à réfuter l'ANONYME.

§. III. *Esprit public des départemens.*

Départemens du centre, Paris.

L'anonyme donc parcourt tous les départemens de la France: *Les esprits*, dit-il,

sont plus calmes dans le centre ; l'obéis-
sance y sera plus prompte.

Les géographes comptent neuf départemens dans ce qu'ils nomment la région du
centre ; ce sont ceux formés des cinq anciennes provinces de l'Isle de France, l'Or-
léanais, le Berri, le Nivernais et le Bour-
bonnais. Si, selon l'auteur, ils ne sont pas
très-chauds royalistes, au moins le Roi n'a
rien à en craindre ; ils obéiront.

Je connais assez ces départemens pour
être sûr que Versailles, Chartres, Orléans,
Blois, Bourges, Châteauroux, Nevers et
Moulins ne seront nullement flattés de l'opinion de l'auteur ; mais il traite bien plus
sévèrement encore le département de la
Seine.

Il faut faire, dit-il, une classe à part de la
Capitale ; elle n'est plus et ne peut plus être
la règle ni l'usage (1) *des provinces, de-*
puis qu'une opinion factice y prend si faci-
lement la place de l'opinion réelle. Chaque
parti y trouverait des auxiliaires et des
complices pour un triomphe momentané.

----

(1) L'usage ! Je crois que ce mot est une faute de
copiste.

D'où vient cette haine contre la ville de Paris ? C'est que Buonaparte la haïssait, et que les disciples pensent comme le maître. Essayons cependant de venger Paris, non de cette haine toute honorable, mais de cette opinion factice dont on l'accuse.

Paris, comme toutes les capitales des grands États, et plus que tout autre, peut-être, offre dans sa grande population, l'assemblage de tous les extrêmes. C'est de toutes les villes de la France celle où il y a le plus de vertus et de vices, le plus d'esprit et de sottise, le plus de richesse et de pauvreté, le plus de courage et de lâcheté, le plus de royalistes et de Buonapartistes ; la raison en est bien simple, c'est que c'est la ville où il y a le plus de monde.

En outre, cette grande population de Paris n'est jamais entièrement Parisienne, et n'est jamais long-tems elle-même. Tandis que des Parisiens partent tous les jours pour aller remplir des places, exercer un commerce ou une profession dans les provinces, des provinciaux arrivent à Paris pour solliciter la faveur ou tenter la fortune. C'est une perpétuelle exportation et importation d'hommes.

Enfin

Enfin, ce renouvellement de la population de Paris, qui, en général, s'opère en petites parcelles presqu'insensibles, on le voit quelquefois s'opérer en grandes masses dans de grandes circonstances : une déclaration de guerre emmène une partie de la jeunesse guerrière, un traité de paix y ramène de vieux militaires ; l'annonce d'une fête y fait arriver une quantité de riches, dans l'espoir du plaisir ; les symptômes d'une révolution y font accourir quantité de pauvres, dans l'espoir du pillage ; Buonaparte y est suivi de Buonapartistes, et le Roi de Royalistes.

Est-il étonnant dès-lors que les idées à Paris changent avec les circonstances ? La mobilité de son opinion n'est-elle pas une suite naturelle de la mobilité de sa population ?

Nul doute que tout parti quelconque ne puisse trouver dans six cents mille habitans sans cesse renouvellés, quelques centaines d'*auxiliaires, de complices*, comme le dit l'anonyme.

Mais ce ramas de gens sans aveu, sans domicile, sans profession fixe, qui n'est pas le peuple, qui n'est pas même la po-

B

pulace, mais quelque chose de plus bas encore ; ce vil ramas d'aventuriers de toutes provinces, de toutes nations, fait-il l'opinion de Paris ?

C'est trop long-tems réfuter une absurde et calomnieuse accusation. Buonaparte a mieux jugé les Parisiens quand il a dit, « Que Paris lui donnait plus de mal que » toute l'Europe. » D'après une telle autorité, je ne balance pas à ranger Paris dans le parti royaliste.

§. IV. *Esprit public des départemens.*

Départemens du Nord.

Le Nord, dit l'anonyme, *a montré de la modération. Votre Majesté en a reçu des preuves d'attachement ; un régime constitutionnel, sous le gouvernement du Roi, remplirait les vœux de ces départemens.*

Ici je suis bien fort. J'arrive du département du Nord, où je me suis rendu pour les élections. Pendant trois semaines, j'ai été dans plusieurs villes de ce département ; j'ai traversé deux fois, en m'y arrêtant, ceux de la Somme, du Pas-de-Calais et de l'Oise ; j'ai vu, j'ai entendu ce que l'anonyme n'a pû ni voir, ni entendre.

Les départemens du Nord, *de la modération?* Dites donc de l'enthousiasme, de l'exaltation, de l'ivresse, du délire, de la folie, si vous voulez; c'était l'époque de la moisson; les peuples des hameaux, répandus dans les champs, apercevant ma voiture, interrompaient l'air d'Henri IV pour venir sur le bord du chemin crier *Vive le Roi!* Dans les villages, pas une chaumière qui n'eût son drapeau blanc, les rues traversées par des guirlandes de verdure, auxquelles étaient suspendues des couronnes de fleurs.

Ce n'est rien encore auprès de Lille: trois cents moulins à vent précèdent les faubourgs de cette cité, et leurs ailes ornées de banderolles blanches fleurdelysées, annoncent qu'on arrive dans la Capitale du royalisme. Ce n'est plus chaque maison, c'est chaque fenêtre qui a son drapeau aux armes de France et avec l'inscription: *Vivent les Bourbons !* Mêmes guirlandes, mêmes couronnes, seulement mieux travaillées; on marche sous des voûtes de fleurs; de cent pas en cent pas, des arcs de triomphe, ou des reposoirs , comme dans nos anciennes processions; il n'est pas jusqu'aux voitures de place qui n'aient leurs petits étendards aux trois fleurs de lys ; rien n'est régulier, rien n'est symétrique , c'est le désordre de la joie , c'est l'impromptu du sentiment.

Votre Majesté en a reçu des preuves d'attachement! Quelle froide expression pour rendre la brûlante ivresse des Flamands, des Artésiens , des Picards! Quelques légères preuves d'attachement , en effet, telles que les yeux de soixante mille habitans de Lille , baignés de larmes au départ du Roi ; les gémissemens de toute la ville de Béthune , le long deuil de tous les villages riverains de la grande route; et à son retour, les cris de joie , les chants, les danses, les jeux, les fêtes , les banquets donnés aux pauvres dans les rues.

Et celui des Bourbons que la calomnie a le plus attaqué , comme tous les cœurs volaient au-devant de lui! Comme toutes les populations se pressaient sur son passage! Non , je n'essaierai pas de peindre la réception faite à Monseigneur le Duc de Berri à Amiens, à Lille ; la langue française

manque d'expressions, ou je n'ai pas l'art
de les trouver. Il est vrai que tout en lui
justifiait et augmentait cet enthousiasme,
qui allait jusqu'au fanatisme. Il est impossible de montrer plus d'affabilité, de bonté;
c'était cette politesse française, cette urbanité chevaleresque qui rappelaient la jeunesse de Louis XIV; c'était cette familia-
rité noble, cette grandeur modeste, qui,
sans faire oublier le fils de tant de Rois,
laissaient paraître l'homme aimable, écou-
tant tout le monde, parlant à tout le monde,
sachant dire aux femmes autre chose que
la phrase banale : « Combien avez - vous
» d'enfans ? » Se levant vingt fois au spec-
tacle pour remercier les bons Lillois, quand
je craignais que la salle ne s'écroulât sous
le fracas des applaudissemens.

M. l'Anonyme, n'allez pas dans les rues
de Lille sans cocarde blanche, vous ne trou-
veriez peut-être pas les habitans du nord *si
modérés.*

Un régime constitutionnel, continue l'auteur, *sous le gouvernement du Roi, com-
blerait les vœux des départemens du Nord.*

Oui, les départemens du Nord respectent,
aiment, veulent la constitution que le Roi

nous a donnée, parce que le Roi nous l'a donnée, parce que le Roi la veut, parce qu'ils savent qu'elle est utile et avantageuse au Monarque et au peuple; au Monarque, en ce qu'elle lui épargne le pénible, l'odieux de fixer seul les impôts; au peuple, parce qu'elle le rassure contre leur augmentation arbitraire; mais les départemens du Nord ne sont nullement de ce que l'auteur nomme le parti des constitutionnels. J'expliquerai plus bas quel est ce parti. Dans un voyage de trois semaines, où je ne suis pas resté quatre jours de suite dans la même ville, j'ai vu beaucoup de mes compatriotes; électeur et candidat d'un arrondissement, j'ai vu tous les électeurs de cet arrondissement; revenu à Lille, j'ai vu beaucoup d'électeurs du département; j'atteste que tous m'ont parlé du Roi, bien peu de la constitution, parce qu'ils ne mettaient pas en discussion une chose décidée.

On procéda, à Lille, aux élections des députés; je m'y trouvais; n'étant pas du collége électoral, je n'assistai point à ses séances; mais les élections se font autant au dehors qu'au dedans de la salle, et j'en ai assez vu pour affirmer qu'on ne s'est jamais

informé si tel pretendant était ou non constitutionnel (1); on se demandait s'il était
royaliste.

J'avais un désir extrême, une ambition
démesurée d'être député; je ne l'ai point
été; mais les choix sont excellens; on n'a
nommé que des propriétaires honnêtes,
sages, instruits, bien attachés à leur Roi
et à leur patrie.

Les habitans du Nord sont royalistes par
sentiment et attachés à la constitution par
raison. Ce n'est pas le *régime constitutionnel sous le gouvernement du Roi* qui com-
blera leurs vœux, mais le gouvernement du
Roi, sous le régime constitutionnel.

§. V. *Esprit public des Départemens.*

Département de l'Ouest.

L'Ouest, continue l'Anonyme, *offre un
effrayant contraste.* Qui ne croirait, d'après

---

(1) Je prie de ne pas perdre de vue que , dans le
cours de cet écrit, j'entends par cette expression ceux
qui se disent du parti constitutionnel, que j'aurai bientôt occasion de définir.

cette phrase, que l'Ouest est aussi Buonapartiste que le Nord est royaliste ! Rassu-
rons-nous ; il ajoute : *Un grand nombre
d'individus dans la Vendée, dans le Poitou, dans le Limosin* (1), *sont dévoués au
Roi.* Je ne vois là ni contraste, ni sujet
d'effroi ; mais voici ce qui épouvante l'auteur :

Depuis vingt ans, dit-il, *soit erreur, soit
passion, les Vendéens confondent la cause
de l'ancien régime avec la cause royale.*

Notre Anonyme a une peur terrible de
cet ancien régime, qui, pendant huit cents
ans, a rendu les Français si malheureux ; il
a, au contraire, un inépuisable fond de
tendresse pour certain nouveau régime,
qui depuis vingt-cinq ans nous a rendus si
heureux. Comme tout son ouvrage porte
sur cette horreur invincible de l'ancien régime, expliquons-nous donc bien sur le véritable sens de cette expression.

Si l'auteur entend, par *ancien régime*,
une noblesse avec des priviléges, des exemp-

____

(1) L'auteur veut sans doute dire l'Anjou, et il ou-
blie la Bretagne.

tions d'impôts, des droits exclusifs à certaines places, un clergé à dîmes, à riches bénéfices sans fonctions, des moines fainéans, des cloîtres où de jeunes filles sont ensevelies vivantes, des droits féodaux, des corvées, des lettres de cachet, qu'il se rassure; ni les habitans de l'Ouest, ni ceux du Nord, n'en désirent le retour, et personne en France ne pense sérieusement à le rétablir.

Mais les abus d'une chose ne sont pas la chose; or si, même avec ces abus, la France était encore passablement heureuse sous Louis XII, François Ier., Henri IV, Louis XIII, Louis XIV, Louis XV et Louis XVI, je ne vois pas ce que l'ancien régime, dégagé de ces abus, aurait de si terrible. Au surplus, il n'est pas question de le rétablir, même sans abus.

Et il est faux que l'Ouest ait jamais combattu pour l'ancien régime; lisons les Mémoires de madame de la Roche-Jacquelin, écrits avec une simplicité si noble, une si élégante ingénuité, un ton de vérité aussi convaincant qu'il est inimitable. Eh bien! ce ne sont ni les nobles, ni les prêtres qui ont soulevé les paysans pour soutenir leurs priviléges et leurs dîmes; ce sont les pay-sans qui, d'abord insurgés seuls, ont en-suite conjuré les prêtres de leur dire la messe, et les nobles de se mettre à leur tête. Que demandaient ces bons et braves villa-geois? Le maintien de la religion et du trône; quel était leur cri d'armes? Dieu et le Roi.

On voit même, dans ces Mémoires, que les paysans offraient de payer les droits féodaux à leurs seigneurs, et que ceux-ci les ont refusés.

Veut-on trois preuves frappantes, incon-testables, que les Vendéens n'ont jamais combattu pour l'ancien régime ?

Le Roi, à son premier retour, établit une constitution, un nouveau régime, eh bien! les Vendéens ne s'arment pas pour l'*ancien régime* qu'on suppose leur être si cher.

Buonaparte revient, le Roi leur est en-levé, aussi-tôt les Vendéens s'arment pour le Roi.

Enfin, le Roi leur est encore rendu, il confirme le nouveau régime, et les vendéens ne reprennent pas les armes pour l'ancien.

Je le demande, à présent, à tout homme de bonne-foi: peut-on dire que les vendéens confondent la cause de l'ancien régime avec la cause royale, eux qui ont constamment combattu quand on leur ôtait le Roi, et n'ont jamais fait un mouvement quand on leur ôtait l'ancien régime. ·

Non, il n'y a point de *contraste* entre les départemens de l'Ouest et ceux du Nord; les uns et les autres ne sont ni constitutionnels, ni anti-constitutionnels; ils sont royalistes, tout bonnement, tout franchement royalistes.

Non, il n'y a point à *s'effrayer*, ni de la Flandre, du Hainault, de l'Artois, de la Picardie, ni du Poitou, du Maine, de l'Anjou, de la Bretagne; personne ne pense à rétablir l'inrétablissable ancien régime; un Picard n'aime pas plus la dîme qu'un Breton n'aime la corvée.

Mais je prends acte que, de l'aveu de l'anonyme, sur trente-deux anciennes provinces, en voilà déjà huit bien prononcées pour le Roi, auxquelles j'ajoute, toujours de son aveu, les cinq du centre dont le Roi n'a rien à craindre. L'auteur nous tranquillise donc entièrement sur treize des provinces françaises.

§. VI. *Esprit public des départemens.*

Département du Midi.

Le royalisme du midi s'exalte en attentats, dit l'auteur du prétendu rapport. Je me hâte d'abord de prendre acte que l'immense Languedoc, la Provence, le Roussillon; le Quercy, le Rouergue, la Gascogne et la Guyenne sont royalistes; sept provinces à ajouter aux treize ci-dessus, nous voilà plus d'à moitié.

Et je pourrais faire observer que des quatre points cardinaux, Est, Ouest, Nord, Midi, l'anonyme en donne trois au Roi.

Le Midi s'exalte en attentats ; des bandes armées pénètrent dans les villes et parcourent les campagnes ; les assassinats, le pillage se multiplient ; la justice est par-tout muette, l'administration par-tout inactive ; il n'y a que les passions qui agissent, qui parlent, qui soient écoutées.

Juste ciel, quel effrayant tableau ! ne semble-t-il pas que les jours de 1793 soient revenus ? que la terreur plane sur le Midi comme elle planait alors sur toute la France !

Il est vrai et n'est que trop vrai qu'à Marseille, Toulon, Avignon, Nismes et quelques autres communes que ma mémoi e ne me rappelle point, les royalistes, vingt-cinq ans opprimés se sont vengés de leurs oppresseurs ; ils sont condamnables sans doute, très-condamnables ; mais que ces excès sont loin de la glacière d'Avignon, des mitraillades de Toulon et de Lyon !

Cependant quand la tranquillité n'a pas cessé de régner à Bordeaux, Mont-de-Marsan, Périgueux, Agen, Cahors, Rhodez, Montauban, Auch, Pau, Bayonne, Foix, Perpignan, Toulouse, Carcassonne, Alby, Montpellier, Mende, le Puy et Privas, et je ne nomme ici que les chef-lieux de départemens, est-il juste de dire que *le Midi s'exalte en attentats !*

§. VII. *Esprit public des départemens.*

Lyon ; départemens de l'Est.

A Lyon, continue l'anonyme, *deux partis sont en présence ; du côté de l'Est, l'Alsace, la Lorraine, les Trois Evéchés, les Ardennes, la Champagne, la Bourgogne, la Franche-Comté et le Dauphiné, offrent un autre genre de dangers ; une opposition morale au Gouvernement de la dynastie royale, y est presque générale.*

Eh quoi! Lyon, cette cité la seconde du royaume et qui, il y a vingt ans, était devenue la première par son courage et sa vertu, Lyon serait aujourd'hui tant dégénéré! et moi qui ne regardais un Lyonnais qu'avec un sentiment vif d'estime, d'admiration, de respect, je serais forcé d'en détourner les yeux avec horreur! Mânes illustres de ces braves Lyonnais, martyrs de la plus sainte des causes, vous verriez aujourd'hui vos enfans s'unir aux jacobins, aux républicains qui ont égorgé, massacré, mitraillé leurs pères! Est-ce sur la place de Bellecour, ou sur celle des Terreaux, qu'ils vont jurer de combattre pour les successeurs de Couthon? Non, cela n'est pas, cela ne peut pas être! Un Lyonnais-jacobin révolte la raison ; l'alliance de ces deux mots est impossible ; un Lyonnais anti-royaliste serait la vertu devenue le crime. J'aime à croire que cette grande ville a, comme Paris, été quelque tems comprimée par un petit nombre de ceux qui l'habitent, mais qui ne sont pas nés dans son enceinte.

Mais dans l'hypothèse la plus défavorable, il resterait du moins, suivant l'Anonyme, la moitié de Lyon fidèle au Roi.

L'autre moitié et les huit anciennes provinces de l'Est seraient donc contre le Roi! Ici, je ne puis plus combattre l'auteur, ni par ses propres assertions, ni par mes connaissances personnelles. Cette fois il est d'accord avec lui-même et avec l'ancien rapport de M. le Duc d'Otrante, et me voilà réduit à convenir qu'un quart de la France est *en opposition morale avec la dynastie royale.*

Mais, par cette concession, combien j'afflige peut-être ces huit provinces! Que de reproches elles vont peut-être m'adresser! Examinons donc si le fait est bien exact; mon adversaire a déjà commis tant d'erreurs, qu'il pourrait bien se tromper encore. Avant de condamner huit provinces au malheur de haïr un Roi qui n'a rien de haïssable, il faut au moins les entendre.

J'ouvre les journaux, et je lis :

« *Dijon,* 10 *juillet :* Par un mouvement
» général, la cocarde et le drapeau blanc
» ont été arborés avec des cris de joie et de
» *vive le Roi!* qui se sont prolongés toute la
» nuit. On a réinstallé l'ancien Maire en

» triomphe. Le lendemain , illumination ,
» musique , danse dans toutes les rues ».

« *Clermont-Ferrand* , 13 *juillet :* L'entrée
» du Roi dans sa capitale a été annoncée
» officiellement; on a arboré le drapeau
» blanc ; des fêtes publiques ont eu lieu ; le
» peuple a manifesté sa joie par des cris vi-
» vement répétés de *vive le Roi !* Toutes les
« maisons ont été sur-le-champ décorées
» d'un drapeau blanc ».

Besançon , 16 *juillet :* « Notre ville vient
» d'adresser à Sa Majesté une adresse cou-
» verte de plusieurs milliers de signatures.
» Dès le 24 juin (c'est-à-dire 15 jours avant
» l'entrée du Roi), les habitans ont signé
» une déclaration pour protester que , mal-
» gré les efforts des rebelles , ils ne recon-
» naîtraient jamais que le Souverain légi-
» time. Le même jour un rassemblement
» essaya d'arborer le drapeau blanc; mais
» les chefs de la garnison ont fait battre la
» générale ; canons et bayonnettes , rien n'a
» été épargné , et les bourgeois n'étant plus
» en force , plusieurs ont été arrêtés et jetés
» dans les cachots de la citadelle , où ils ont
» été traités avec la dernière rigueur pen-
» dant 17 jours ».

« Besançon

(33)

« *Besançon*, 18 *juillet :* Nouvelle fête ;
» cent coups de canons ; la populace ivre
» de joie ; le lys à toutes les boutonnières, la
» cocarde blanche à tous les chapeaux ; les
» bustes du Roi et de *Monsieur* promenés
» dans la ville ».

« *Metz*, 6 *août :* Un corps franc, com-
» mandé par un nommé Joncque, réfugié
» près de Sarbruck, cherchait à s'organiser
» en partisans, plusieurs communes » (des
communes, M. l'Anonyme, et non pas des
nobles), « ont sonné le tocsin, et, réunies
» à un régiment russe, ont poursuivi ce
» corps franc. Il a été entièrement détruit,
» le chef arrêté et plusieurs soldats faits
» prisonniers et conduits à Metz. »

Enfin je vois la fête du Roi célébrée
dans les villes de ces huit provinces avec
le même enthousiasme que dans toutes les
autres.

J'écrivais cette dernière phrase, lorsqu'on
m'apporte le journal d'aujourd'hui, 17 septembre ; j'y trouve une lettre de M. Pignot,
maire d'Autun, en *Bourgogne*, que je trans-
cris en entier.

C

(34)

Au Rédacteur.

« Monsieur ,

» Il vient de paraître un exposé justifica-
» tif pour le maréchal Ney, dans lequel on
» lit ces mots à la page 14 : *Autun est in-*
» *surgé.* C'est une calomnie qu'il importe
» à une ville aussi connue par son attache-
» ment au Roi de détruire, en faisant con-
» naître le récit exact de ce qui s'est passé.
» Buonaparte est arrivé à Autun le 15
» mars. Dès le dimanche 12, quelques fac-
» tieux tentèrent en effet un mouvement
» en sa faveur; il fut vigoureusement ré-
» primé. Le lundi 13, le drapeau blanc fut
» porté en triomphe dans toutes les rues
» aux cris unanimes de *vive le Roi!* Le
» jour même de l'arrivée de l'usurpateur,
» presque tous les citoyens n'avaient pas
» craint de conserver la cocarde blanche.
» Nous ajouterons que les magistrats, man-
» dés par lui, eurent la courageuse audace
» de lui rappeler son abdication, et que,
» pendant vingt-quatre heures qu'il a sé-
» journé dans cette ville, il n'a paru sous
» les fenêtres de l'hôtel des postes, où il

» était logé, qu'un très-petit nombre d'in-
» dividus, la plupart ivres, ou portant les
» signes de la misère, ou malheureusement
» trop connus par leur démoralisation.

» J'attends de votre justice, Monsieur,
» que vous voudrez bien insérer ma récla-
» mation dans votre prochain numéro.

» Recevez, etc.

» *Le Maire*, PIGNOT. »

Cette lettre renferme précisément une explication que j'allais donner : « Il y a, dans
» toutes les villes, des individus habituel-
» lement ivres, ou portant les signes de
» la misère, ou malheureusement trop
» connus par leur démoralisation. » Voilà
le peuple qui, dans les provinces de l'Est,
est contre le Roi, contre tout Gouvernement qui rétablit et maintient l'ordre, la
morale et la religion.

Mais dans l'Est comme ailleurs, le Roi
a pour lui cet autre peuple qui consiste
dans les nobles, les ecclésiastiques, les
bourgeois, les cultivateurs, les fabricans,
les marchands, les artisans, les ouvriers.

Le détracteur des huit provinces les jus-
tifie lui-même : *Envahis deux fois*, dit-il,

par les étrangers, ces départemens ont plus souffert que les autres. Oui, voilà toute la nuance entre eux et les autres ; la douleur de leurs pertes a comprimé la joie du retour de notre Monarque.

Mais voici un argument bien plus fort en leur faveur ; la suite de ma réfutation m'y conduit.

§. VIII. *La Noblesse, le Clergé.*

La noblesse, le clergé, selon l'anonyme, *si l'on en excepte la Vendée, n'ont de parti nulle part.*

Le clergé, il n'y en a presque plus ; mais la noblesse, voyons si je prouverai que cette assertion est, comme les autres, de toute fausseté.

Je relis la liste des membres qui viennent d'être nommés à la nouvelle Chambre des Députés, et je vois que, dans tous les départemens, on a nommé un noble et quelquefois plusieurs ; j'en ai compté cent cinq, et ne les connais pas tous. Sur trois cent quatre-vingt-quinze, c'est plus du quart ; cependant il n'y avait pas un noble sur vingt électeurs. Comment croire, après cela, que la noblesse n'a plus personne pour elle.

Dans l'Est, je trouve vingt-deux nobles sur soixante-treize députés : c'est presque le tiers : c'est plus que la proportion générale, et voilà le dernier argument que je réservais en faveur des huit provinces calomniées.

Et quels sont ces électeurs qui ont nommé tant de nobles? Viennent-ils d'être nommés eux - mêmes sous l'influence du Roi? Où sont-ils encore les électeurs de 1789, de l'ancien régime? Non, ils ont été institués et nommés en l'an 10 (1802), quand la France, encore république de nom, était déjà gouvernée par Buonaparte.

Ces électeurs ont été choisis par les assemblées de cantons, et ces assemblées sont composées de tous les citoyens. S'il existe en France quelque chose qui soit véritablement l'expression de la volonté nationale, c'est le choix des députés élus par les élus de la Nation entière.

La Nation entière accorde donc quelqu'estime, quelque confiance aux nobles, puisqu'elle les choisit pour la représenter dans une proportion beaucoup trop forte respectivement aux non nobles.

C'est que, dans le fait, l'auteur a raison, la noblesse n'a plus de parti dans le sens où ce mot est synonyme de faction. Les nobles sont des citoyens comme les autres Français, sur qui ils n'ont que l'avantage d'une distinction très-honorable sans doute, mais purement honorifique, et à laquelle tout Français peut prétendre, s'il parvient un jour à la mériter.

§. IX. *Les Royalistes.*

Dans la supposition d'une guerre civile, dit le Rapport, *les royalistes domineraient dans dix départemens ; dans quinze autres, les partis se balanceraient ; dans tout le reste, on trouverait seulement quelques poignées de royalistes.*

Il faut être doué d'une rare impudeur, ou compter excessivement sur l'inattention ou la *simplicité* de ses lecteurs, pour tirer, des faits que l'on vient d'exposer, une conséquence absolument contraire à celle qui en résulte naturellement. Quoi, l'auteur du prétendu rapport nous dit, de lui-même,

que les départemens du centre *sont portés
à la soumission ;* que ceux du Nord *ont
montré de l'attachement au Rói ;* que ceux
de l'Ouest *sont dévoués au Roi ;* que ceux
du Midi *exaltent le royalisme ;* je rapporte
ses propres paroles, et tout-à-coup, à la
page suivante, il ne trouve plus que dix
départemens royalistes ! Reprenons donc
ses calculs et combattons-le avec ses propres armes.

Départemens.

Il trouve le Nord passablement
royaliste. 4
L'ouest l'est beaucoup trop.
Bretagne. 5
Poitou. 3
Maine et Anjou. 2
Le Midi est d'un royalisme exalté.
Guyenne. 3
Gascogne. 4
Languedoc. 8
Roussillon et Foix. 2
Quercy et Rouergue. . . . 2
Provence. 4
————
37

Voilà déjà, de son propre aveu,
37 départemens, au lieu de 10.

Report 37

Je crois, toujours d'après lui, pouvoir y ajouter ceux de la Normandie. 5

D'abord, parce qu'il doit les comprendre nécessairement ou dans le Nord, ou dans l'Ouest, attendu que, situés entre deux, il n'a que le choix du côté royaliste, où il veut les placer.

Ensuite, parce qu'il pense sûrement des Chouans ce qu'il dit des Vendéens.

Il faut aussi qu'il place ou dans l'Ouest royaliste, ou dans le Midi royaliste, les départemens de l'Angoumois et du Limousin, qui sont entre deux. 4

Ainsi, plus de la moitié de la France est bien prononcée pour le Roi, et comme le centre est porté à la soumission, il ne les croit pas contre Sa Majesté; j'ai déjà dit que les géographes comptaient neuf départemens dans la région du centre. . . . , ... 9
                                    ——
                                    55

Des quatre-vingt-six départemens, il en reste donc trente-un contre le Roi. Nous allons, si l'on en croit l'auteur, voir Paris, en dépit de cinq cent mille Parisiens, se mettre à leur tête. Versailles, malgré son ancienne réputation d'aristocratie, va le seconder; Chartres, Blois, Orléans, Beauvais, Châlons, Besançon, entachés du même vice, et la moitié de Lyon les suivent; ils prennent les armes, et, s'ils l'emportent sur les trois autres quarts de la France, ils renversent le Roi pour mettre à sa place, qui?...... c'est le secret de l'auteur.

§. X. *Les Constitutionnels.*

En 1789, les jacobins s'intitulaient LA SOCIÉTÉ DES AMIS DE LA CONSTITUTION, et ils renversèrent la constitution de 1789.

En 1815, les buonapartistes, jacobins, républicains ou révolutionnaires, s'intitulent LES CONSTITUTIONNELS, et ils veulent renverser la constitution de 1815.

Ainsi, ceux qui se disent CONSTITUTIONNELS sont les plus grands ennemis de la Charte; c'est ce que je vais prouver, d'après l'auteur du Rapport, car c'est toujours lui que j'oppose à lui-même.

Les constitutionnels, dit-il, *sont ceux qui, l'année dernière, étaient en opposition avec le gouvernement du Roi, et censuraient sans ménagement, attaquaient sans relâche les actes de l'autorité.*

Peut-on mieux définir les buonapartistes ? N'avons-nous pas vu le Censeur, le Nain Jaune, M. C....., et tant d'autres que je pourrais nommer, et qui tous *étaient en opposition avec le Gouvernement, censuraient les actes de l'autorité*, devenir buonapartistes au retour de Buonaparte.

Je prie quiconque lira cet Ouvrage de demander aux personnes ouvertement buonapartistes pendant l'interrègne de trois mois, ce qu'elles sont aujourd'hui : elles répondront qu'elles sont CONSTITUTIONNELLES.

Autre preuve :

A la dernière abdication de Buonaparte, continue l'auteur, *il n'y a point de Prince que ce parti n'eût préféré recevoir de la main des puissances étrangères. La prévention était telle, qu'il n'y avait qu'une seule exclusion ; elle était pour la famille de nos anciens Rois.*

Pour le coup plus de doute, ceci est clair, positif; toute la France sait qu'il n'y a que la Chambre des Députés de Buonaparte qui ait exprimé cette exclusion de la famille royale, cette préférence pour tout autre Prince, et toute la France sait que cette Chambre, au moins en grande majorité, était buonapartiste. Ils l'ont constamment déclaré eux-mêmes, et l'ont prouvé jusqu'au dernier moment.

L'Anonyme est donc parfaitement d'accord avec moi, que ceux qui se disent les CONSTITUTIONNELS étaient les buonapartistes, et sont les républicains, les révolutionnaires.

§. XI. *Les Bourgeois.*

Continuons le Rapport : *Les familles anciennement riches sont, en général, plus dévouées au Roi.*

Cela est parfaitement vrai.

Il en est aussi dans les tribunaux, parmi les gens de robe et dans le haut commerce. C'est, au contraire, la grande majorité de la petite bourgeoisie, des petits marchands,

*des petits propriétaires, qui est constitu-
tionnelle.*

Remarquez comme tout dans ce Rapport
prétendu porte le cachet révolutionnaire;
voyez-y cet art perfide, mais bien usé depuis vingt-cinq ans, de mettre sans cesse
les pauvres contre les riches, la multitude
contre le petit nombre.

Je vais retourner cette dernière phrase de
l'auteur, et elle sera beaucoup plus vraie :

C'est dans les tribunaux, nommés par
Buonaparte, c'est parmi les hauts commer-
çans enrichis sous Buonaparte, qu'il se
trouve quc'ques constitutionnels-buonapar-
tistes; c'est au contraire la petite bourgeoisie, les petits marchands, les petits propriétaires qui sont royalistes et réellement attachés à la Charte.

§. XII. *Les Paysans.*

Mais ce qui donne, ajoute l'auteur, *une
prépondérance irrésistible au parti constitutionnel, c'est la masse des paysans, aujourd'hui très-éclairée et dans l'aisance.*

Fort bien, continuez à flatter la multitude, répétez la célèbre devise : « Guerre

» aux châteaux, paix aux chaumières ».
Compulsez les discours de Robespierre, les journaux de Marat, du Père Duchêne ; soyez encore l'Ami du Peuple, l'Orateur du Peuple ; mais le peuple ne vous écoutera plus ; il s'est lassé d'être dupe de vos maximes insidieuses.

Les paysans, la constitution! Eh, Monsieur, ils ne l'ont pas lue !

Laissez aux paysans la certitude qu'on ne reviendra pas sur les ventes de biens nationaux, sur la dîme et les droits féodaux, ce qui se peut avec toutes les constitutions possibles, et même sans constitution, ils n'en demanderont pas davantage.

§. XIII. *La Contre-Révolution.*

Vient ensuite un long article sur la *contre-révolution ;* l'auteur la craint excessivement. Mais la contre-révolution est faite, ce me semble.

En France comme en Angleterre, la révolution a consisté dans la destruction de la monarchie, l'établissement de la république, et l'élévation d'un usurpateur ; la contre-révolution s'est opérée par la chûte de la république, l'abdication de l'usurpateur et le rétablissement du Souverain légitime.

Le retour de Louis XVIII n'est-il donc pas pour nous ce que le retour de Charles II fut pour les Anglais?

Mais si la contre-révolution n'est pas faite, nous sommes donc encore en révolution? En révolution, grand Dieu! Ah! malheureuse France, je ne m'étonne plus si les puissances étrangères restent encore sur ton territoire! Elles veulent te faire perdre cet esprit révolutionnaire qui a ébranlé et failli renverser tous les trônes.

Je crois, à la lecture de ce passage, entendre l'auteur dire aux Prussiens, aux Bavarois, etc. : « Restez encore; assiégez » encore nos citadelles malgré leurs dra- » peaux blancs, surchargez nos villes de » logemens militaires, levez sur nos pai- » sibles campagnes des contributions de » guerre ; vous avez raison, la contre- » révolution n'est pas faite, l'esprit révolu- » tionnaire n'est pas éteint, il doit encore » vous inquiéter; je viens de vous l'ap-

» prendre au nom d'un ministre du Roi de
» France ».

Et moi, indigné, épouvanté d'un semblable discours ; je crierai, au contraire, à toute l'Europe : « Ah ! n'en croyez point un au-
» teur dont j'ai déjà relevé tant de men-
» songes ; la contre-révolution est faite, la
» révolution est anéantie ; plus de dangers
» pour vos trônes ; livrez-nous sans crainte
» à nous-mêmes ; retirez-vous ; nous sommes
» devenus sages, laissez-nous être heureux ! »

§. XIV. *L'ancien Régime.*

Dans l'ouvrage que je réfute, je rencontre un passage, le seul qui me paraisse bien pensé et bien écrit ; par justice pour l'auteur, je vais le transcrire ; il parle de l'ancien régime :

Il n'y avait point alors, dit-il, *de droits nationaux reconnus, mais le pouvoir était modifié par les mœurs ; il était comme réglé et contenu par les habitudes et les usages ; s'il n'y avait point de liens fixes, il y avait des maximes de gouvernement, un code inviolable de modération, de douceur, d'équité, d'urbanité.*

Qui ne s'attendrit à cette touchante peinture des anciens jours de la France ? C'était
donc alors notre âge d'or! Si cet ancien régime était si doux, si aimable malgré ses
abus, combien plus doux, plus aimable encore il serait aujourd'hui, dégagé de priviléges, de féodalité, etc. !

Cet âge d'or est-il donc écoulé sans retour ? Le Gouvernement ne peut-il reprendre ses *anciennes maximes*, et nous nos *anciennes mœurs ?* Ne peut-il renaître, *ce code
inviolable de modération, de douceur, d'équité, d'urbanité ?*

Ou plutôt ce *code* n'est-il pas écrit dans la
Charte, éternel monument de sagesse et de
bonté ! Ah ! suivons-la, cette Charte ; aimons-la, mais non pas à la manière des
amis de la constitution de 1789, et des constitutionnels de 1815.

§. XV. *Les Bourbons.*

Après un éloge assez court, assez mince
du Roi, l'auteur ajoute : *De fatales préventions se sont élevées ; on a fait craindre, à
un peuple défiant, les règnes qui suivront
celui de Votre Majesté.*

Oui,

Oui, il s'est établi de fatales préventions, et vous le savez bien, buonapartistes, qui vous dites constitutionnels. Elles sont votre ouvrage, elles sont l'ouvrage de vos calomnies, de ces anecdotes que vous vous plaisiez à répandre, et dont la fausseté a depuis été reconnue. Mais allez demander à Bayonne si l'on craint de voir régner un jour le duc d'Angoulême? A Lille, si l'on tremble de ce que le duc de Berri peut un jour monter sur le trône? Je ne parle point de leur auguste père, puisque toutes vos méchancetés n'ont pu lui reprocher que d'être trop aimable, trop français.

Et doit-on d'ailleurs juger un Roi avant qu'il ne règne? L'histoire me fournit trois exemples frappans des erreurs que l'on peut commettre en ce genre :

Philippe Ier. promettait, à treize ans, d'être un Prince accompli; son règne ne tint pas ces brillantes promesses.

En 1498, Louis d'Orléans, qui, jusqu'à trente-six ans, avait fait bien des fautes, avait même porté les armes contre sa patrie, devient Roi; il devient Louis XII, LE PÈRE DU PEUPLE.

En 1515, le comte d'Angoulême, de qui

son prédécesseur avait dit : « Ce gros gar-
» çon-là gâtera tout », le comte d'Angoulême devient Roi, il devient FRANÇOIS Ier.,
LE PÈRE DES LETTRES.

§. XVI. *La nouvelle Chambre.*

Le prétendu rapporteur annonce qu'il
va proposer un plan de Gouvernement, et
il se borne à proposer à Louis XVIII de se
jeter dans les bras du parti constitutionnel,
comme Louis XVI s'est jeté dans les bras
des amis de la constitution.

Ce qu'il y a de plus clair dans sa conclu-
sion, c'est que *la nouvelle Chambre lui
donne de mortelles inquiétudes.* Ah ! je le
crois bien. *Il ne resterait*, dit-il, *aucun
moyen de salut, si elle n'était point constitutionnelle, si les opinions ultrà royalistes
y dominaient.*

Tout est donc perdu, car la nouvelle
Chambre ne sera certainement pas du *parti
constitutionnel* qui, l'année dernière, *cen-
surait le Gouvernement ;* qui, cette année,
préférait un Prince quelconque à la famille
de nos anciens Rois.

Elle ne sera point constitutionnelle, car

sincèrement attachée à la constitution, elle l'observera, la maintiendra, la perfectionnera dans les parties dont le Roi lui a confié la révision.

La nouvelle Chambre ne sera point *ultrà royaliste*, si vous entendez par cette expression le parti infiniment borné de ceux qui voudraient rétablir l'ancien régime.

Mais elle sera *ultrà royaliste*, si pour l'être, il faut éprouver cet attachement profond, cette inviolable fidélité, ce dévoûment enthousiaste des anciens Français pour leurs Souverains, s'il faut être prêt à verser tout son sang pour ce Roi descendant de tant de Rois; oui, les Députés seront ultrà royalistes, comme l'étaient Suger, Duguesclin, Bayard, d'Amboise, L'Hopital, Molé, Sully, Malesherbes, qui tous s'écriaient, avec Voltaire,

Et qui meurt pour son Roi, meurt toujours avec gloire.

§. XVII. *Conclusion.*

O mon Roi! ô le meilleur, le plus respectable, long-tems le plus malheureux, aujourd'hui le plus chéri des Princes, garde-

toi de prêter l'oreille à ces faux amis **de la**
Charte, vrais amans de la révolution, qui,
calomniant la nation française, voudraient
t'abuser sur ses sentimens. Ah! notre amour
est pur comme ta vie ; connais tes forces,
les nôtres sont à toi ; parle, et tu seras
écouté; commande, et tu seras obéi; sois
Roi, et compte sur tes sujets. Et sur-tout,
pars de ce fait incontestable, que l'immense
majorité, la presqu'unanimité des Français
est pour Louis XVIII et les Bourbons.

Vous qui doutez si le royalisme domine
en France, voyez comme il perçait de
toutes parts, même quand Buonaparte,
dans sa courte mais terrible dictature de
trois mois, cherchait partout à le compri-
mer. Voyez les six-septièmes des Français
refuser leurs votes à l'acte additionnel;
voyez les neuf-dixièmes des électeurs refuser de concourir à la nomination de sa
Chambre, et comparez les salles désertes
des Colléges électoraux du mois de juin aux
salles encombrées des Colléges électoraux du
mois d'août.

Mais ne doit-on compter que les propriétaires appelés à exercer les droits poli-
tiques? Bons habitans des campagnes, vous

ne savez pas ce que c'est qu'une Charte ; ce mot même vous est inconnu ; mais vous connaissez Louis XVIII, au moins par ses malheurs et ses vertus. Si votre Roi, si un Prince ou une Princesse de sa famille traverse votre territoire, vous volez sur son passage, vous l'entourez de drapeaux, de guirlandes, de couronnes, d'acclamations, de bénédictions ; êtes-vous privés de leur présence, vous promenez leurs bustes, leurs images, leurs bannières, vous vous parez de leurs couleurs et l'encens du royalisme s'élève de tous les points de la France.

Voyez encore les journalistes, courageux interprètes de l'opinion publique, tromper la censure impériale qu'ils ne purent braver, attaquer l'usurpateur en paraissant le défendre, publier les proclamations de Gand, sous prétexte de les réfuter, et rappeler à nos cœurs notre bon Roi, en paraissant le proscrire dans leurs feuilles.

Et les femmes, qui, dans le cours de la révolution, ont donné tant d'exemples touchans de courage et de sensibilité, les femmes héroïques, modèles de l'amour conjugal, fraternel, filial ! qui, épouses, filles ou sœurs tendres et généreuses, allaient consoler leurs époux, leurs pères, leurs frères dans les cent mille prisons de la terreur, et parvenaient à les ravir à l'échafaud, ou y montaient avec eux! Les femmes, aimable refuge de la douceur, de l'urbanité française, ne seraient-elles comptées pour rien chez un peuple qui leur rend une espèce de culte, dans un pays où elles ont tant d'influence sur l'esprit public!

Ah! de quelles nobles alarmes elles étaient agitées dans ces jours d'anxiété où le sort d'un monarque chéri était encore incertain! Dans quelle profonde douleur elles restèrent plongées, quand ce cri lamentable retentit autour d'elles : « Le Roi est parti! »

Eh! que faisaient-elles pendant cette désastreuse absence d'un Roi tant regretté? Elles conservaient avec un soin inquiet et tendre les drapeaux qu'elles avaient brodés pour sa première entrée, ou en brodaient de nouveaux pour son retour. Combien, sous un voile placé par la décence et resserré par la crainte, cachaient ce qu'elles nommaient le portrait de leur amant, tandis que d'autres, moins timides, portaient franchement à leurs doigts cette image chérie.

O France, ô ma patrie! j'ai cherché à te

disculper aux yeux de l'Europe, à tes propres yeux, de l'indigne accusation de ne plus aimer des Souverains qui furent si long-tems les objets de ton amour, une famille qui, si long-tems, fit ta gloire et ton bonheur. Non, tu ne désavoueras plus les beaux siècles de Charles V, Charles VII ; Louis XII, François Ier., Henri IV et Louis XIV, éternelle admiration de l'Univers, et ces belles années si calmes, si heureuses de l'infortuné Louis XVI, éternel regret de ceux qui en ont goûté les douceurs, pour n'estimer que les vingt années où, esclave au-dedans, tu étais dévastatrice au-dehors.

Ralliez-vous, Français, autour de votre Roi ; que la raison y ramène le petit nombre de ceux que le sentiment n'y attache pas encore ; ralliez-vous autour d'un ministère vraiment royaliste ; respectez, soutenez, encouragez vos Députés, pour la première fois vos vrais représentans ; attendez tout de leur sagesse et de leur courage ; comptez qu'ils sauront enfin purger la France de ces éternels agitateurs qui cherchent à vous égarer, et qu'ils sauront mettre des bornes à la clémence, qui fut tu le seul défaut du meilleur des Rois.

F I N.